はじめに

　東日本大震災から5年が過ぎ、被災した人たちは仮設住宅から再建した自宅や災害復興公営住宅に移り住み、新たな生活が始まっています。一方で、住み慣れた地域を離れて避難を余儀なくされている被災者はいまなお17万人にのぼっています。被災者の生活はより多様になり、さまざまな支援を必要としています。

　21年前、阪神・淡路大震災では、ガレキが片づいて、街がきれいになると、被災地は復興したといわれました。しかし、被災地では孤独死が相次ぎ、多くの被災者が取り残されていると感じて、孤立感を深めていきました。街が復興しても、そこで暮らす人たちが生活を立て直せなければ意味がありません。「人間の復興」こそが重要であり、それが震災の教訓でした。

　阪神・淡路大震災は多くのものを奪いましたが、そこから生まれたものもありました。「ボランティア元年」といわれ、震災から1年で延べ300万人を超えるボランティアが被災地にやってきました。そうした動きがNPO法の制定にもつながりました。

　東日本大震災でもボランティアは東北に向かいましたが、その活動は「阪神」のような大きなうねりにはなりませんでした。津波による被災で根こそぎ生活の基盤が破壊され、活動拠点を築くことが困難なうえ、原発事故の影響もありました。リーマンショック後の長引く不況で、生活に余裕がないという側面もあったのでしょう。

　でも、若者たちがボランティア活動に駆り立てられたのは確かです。東日本大震災が起きた直後、災害復興制度研究所が開講する「災害復興学」の講義には、定員の4倍もの学生が詰めかけました。熱気にあふれた講義が終わると、学生たちは講師を囲んで「ボランティアに行くにはどうすればいいのですか」と質問攻めにしました。被災者の窮状をみて、居ても立ってもいられないという気持ちに突き動かされたのでしょう。

　そんな若者たちが一歩を踏み出すためのハンドブックです。東日本大震災から5年、被災者の生活が多様化しているいまこそ多様なボランティアが必要なのです。このハンドブックを携えて、ぜひ被災地に足を運んでみてください。

関西学院大学災害復興制度研究所
主任研究員・教授　野呂　雅之

も　く　じ

はじめに

1 災害ボランティアとは？

尾澤良平さんのケース —— 阪神・淡路大震災と四川大地震の経験から 2

あなたならどうする？ 4

災害ボランティアに行くには？ 5

人生を変えた被災地 6

解説　Q 被災地に行かなくてもボランティアってできるの？ 7

　　　Q 救援物資の送り方はどうしたらいいの？ 8

　　　Q ボランティア保険とは？ 9

気軽にボランティアをしてみよう！ 10

2 災害ボランティアの活動って？

現地で活動するには？ 12

ボランティアセンターの仕組み 13

ボランティアセンターの新しい形　〜広島土砂災害での SNS 活用〜 14

十人十色のボランティア 15

解説　Q 被災地に入った際に気をつけることは？ 16

　　　Q 泥出しやガレキ撤去の際の服装って？ 17

まずは一歩を踏み出して、小さな実績を重ねよう 18

3 ボランティアの基本姿勢

泥出しボランティア 20

避難所でのボランティア活動 21

仮設住宅でのボランティア活動 22

お茶会ボランティア 23

足湯ボランティアの力 24

「まけないぞう」で人が変わる？ 25

解説　Q 避難所って何？ 26

　　　Q 仮設住宅って何？ 27

　　　Q ボランティア活動はどんなことするの？ 28

声なき声を聴こう 29

熊本地震の被災地で 30

4 あなたと同じように初心者で悩んでいる人に

これからの自分のために 32

復興支援ボランティア 33

遊ばれる感覚を覚えたら面白いことができる 34

海外ボランティア 35

尾澤良平さんのその後 36

自分の地域でできること 37

女性の視点で取り組む防災活動 38

解説　地区防災計画 39

できることは自分で、できないことは一緒に 40

あとがき

1 災害ボランティアとは？

災害ボランティアって資格は必要なのかなぁ？
誰でもできるものなの？参加費はいるのかな？
食事はどうするの？
災害ボランティアを始める前に
知っておきたいことがたくさんあるなぁ。

誰でも初心者ならば、
疑問があったり不安があったりするもの。
でも心配しないでください。
こんな疑問を持ったということは、
あなたも災害ボランティアの仲間入りです。
この本を読みながら、
災害ボランティアとして活動するための
一歩を踏み出してみよう。

よ～し、じゃあ早速色々調べていこう！
まずは災害ボランティアの体験をした人に
お話を聞いてみるのも良いかもしれないな！

尾澤良平さんのケース —— 阪神・淡路大震災と四川大地震の経験から

「いのち」のはかなさ

　大学に入学後、いろいろなボランティア活動に励みました。神戸の大学だったこともあり、そのなかで最も印象に残ったのは阪神・淡路大震災に関わるボランティア活動でした。発災当時、多くの「いのち」が失われましたが、初心者ボランティアがたくさん駆けつけ、多種多様な支援を通じて被災者のニーズの隙間を埋めていったという話を聞きました。

　それで「ボランティア元年」といわれたのですが、その話を聞いたとき、とてもうれしい気持ちになったのを覚えています。ボランティア活動を紹介するイベントを学内で企画したり、神戸にあった復興住宅のお茶会に参加したりしました。しかし、大学在学中は災害の発生現場に直接出向いたことはありませんでした。現場に行った人の話を聞いても、「すごいことやな」「よう行かんわ」と敬遠していました。将来について何か決めることなどできずにいて、そのままグダグダと卒業。そしてすぐに四川大地震が起きました。

　中国語も話せないし、特別な能力もない。「何もできないかもしれない」と思いましたが、とにかく迷惑をかけないように心掛けようと考えて、友人と四川に飛びました。その時に運命的な出会いがありました。宿泊先で被災地のことを話しているような日本語が聞こえたので、話しかけてみたのです。

　それがNPO法人CODE海外災害援助市民センターの現事務局長の吉椿雅道さんとの出会いでした。「何かお手伝いできることありますか？」と尋ねると、「じゃあ、ついてきて」と快く受け入れてくれました。どこの誰かわからない、しかも何もできない僕たちを二つ返事で引き受けてくださいました。これには尋ねた僕らも驚きました。ボランティアの根底に流れる大事な姿勢が、この瞬間に詰め込まれているような気がしています。その後も、いろんなボランティアが来たり、被災した住民とつながって皆で支え合いを実行したり、素晴らしい状況が生まれていきました。

　もちろん、現場は大変厳しく、残酷なものでした。倒壊したマンションの中から娘の遺体が発見されたとき、その母親は絶叫していました。感染症対策により、遺体に直接触れることは親といえども許されていませんでした。娘の遺体が無造作に運ばれていくのを見て、その母親はどんな気持ちだったのでしょうか。「いのち」が遠くに去っていく状況を目の当たりした瞬間でした。

「いのち」をつなぐ

　それから神戸に戻り、ご縁のあったNGOのお手伝いをすることになりました。いろんな現場に放り出されて、できることをできるだけしてきました。ただ、どの現場に行くときも、「何もできないんじゃないか」という心配はつきません。逆に、「こんなことができるんじゃないか」と勝手に予測を立てて現場に向かうと、最終的にそれはできない、という結末に陥る経験もしました。

　結局、現場に行ってから、当事者に会ってからすべては始まるのだと思いました。でも、「何もできないのではないか」という思いで毎回現場に行くことに、さすがに自分自身の能力や適性の無さを実感することもありました。そんなときに東日本大震災が起きました。

　まさに「何もできない」の極みでした。地震・津波・放射能。もう訳がわかりません。発災後に山形県まで行きましたが、そこの避難所で僕ができたことは、「これからいろんなボランティアがきます。ここの状況もよくなっていくと思います」と語りかけただけ。ついには、放射能が怖くなってひとりで抜け出しました。まさに「何もできず」に帰ってきたのです。神戸に戻ってきて考えました。

　「さすがに今回は『何もできないか』と思っている人が多いのではないか。これまでの経験から、『何もできない』と謙虚に思っている多様な人の気持ちが何よりも大事じゃないか。神戸でこれまで修行させてもらったとき、『何もできない』と思っていたから逆に良かったんじゃないか」

　そう思って、山形で避難者に話をしたことを振り返りながら、「何もできないかもしれないから、何でもできる」というメッセージを発信しながら走る（？）ボランティアバスを出すことに決めました。不良ボランティアを集める会、まごころ便の始まりです。これまで43回、一般の方に参加を呼びかけて、東北に走りました。特に何かができるわけではない若者や障がい者、子ども、高齢者などさまざまな方に参加していただき、多様な支え合いの気持ちを運びました。参加条件は「自ら志願すること」のひとつに限り、他の参加資格や乗車ルールはできるだけ外しました。原発事故がきっかけで、小さな小さな「いのち」がとても愛おしく思えるようになり、残った「いのち」をできるだけつないでいこうと意気込み、バスのハンドルを握り続けました。

左端が筆者

What do you do?
あなたならどうする?

> **Q** どこかで、大規模な自然災害が発生しました。「私がひとりくらい行っても、役に立つだろうか?」「むしろ二次災害にでもあって怪我でもしたら、かえって迷惑をかけるかも?」「宿泊や食事はどうなるのだろうか?」。いざ災害ボランティアをしてみようと思っても、こうした不安が頭をよぎるでしょう。
> 　さて、ここからあなたの判断力が問われます。さぁ、あなたならどうしますか?

　わからないことがあれば、とにかく自分で情報を集め、自分の目と耳と心で確認することが大切です。

　まずインターネット、テレビ、新聞、ラジオなどのメディアで被災地の状況を知り、同時にボランティア募集をしているかどうかを調べましょう。これは、目と耳で得る情報です。そのうえで、みなさん得意の SNS を駆使して、さらに詳しい情報を集めましょう。すでにボランティアをされた人の体験談を聴くのもよいでしょう。Facebook などの情報は、画面を見ているのですが、実はネット上の会話を聴いているのです。

　「聴く」というのは、「心」が入っているものです。たとえば、いろいろな情報のなかで被災者の言葉が紹介されている場合も少なくないでしょう。そのときに、よく聞かれる言葉が、「何もしてくれなくてもいいんです。こうして来てくれるだけで嬉しいのです!」というものです。でも、黙って被災者のそばにいることほど難しいボランティアもありません。そばにいるということは、ボランティアをするあなたの「心」がしっかりと被災者に向き合わなければならないからです。

　このようなアドバイスを受けると、それ以前よりも第一歩を踏み出せなくなるかもしれませんね。でも、「被災者(被災地)の役に立ちたい!」という気持ちさえあれば、とにかく一歩を踏み出しましょう。まずは、情報を集めることからですね!

災害ボランティアに行くには？

災害ボランティアに参加する場合には、個人として参加するケースと団体として参加するケースがあります。ここではその両方について説明します。

❏ 個人で参加するケース

まず、被災地の状況を調べましょう。災害が発生すると「災害ボランティアセンター」が設置され、個人のボランティアの受け入れをしています。災害ボランティアセンターに直接電話などで問い合わせをすると迷惑になるので、インターネットや SNS を通じて情報（集合場所、活動内容、活動時間、活動のための条件など）を集めましょう。災害ボランティアセンターで活動する場合は、事前に自分の住んでいる地域の社会福祉協議会でボランティア保険に加入することが望ましいでしょう。

災害ボランティアセンターに頼らず、現地に直接行ってみるのもよいでしょう。ただし、2 人以上での行動をお勧めします。災害現場では何が起こるかわかりません。怪我などの心配もあるので、できるだけグループで行動することが得策でしょう。

❏ 団体で参加するケース

団体の実施しているボランティアバスなどで現地に出向いて活動します。ボランティアバスは、自治体、社会福祉協議会、NPO などが運行しており、こうした募集情報をインターネットなどで調べて応募します。災害時に活動するNPO などでは、ボランティアバス以外のボランティアも募集していることがあります。参加するための条件もしっかりと事前に調べておきましょう。また、被災地外の団体であれば、直接問い合わせをしてみてはいかがでしょうか。

団体で参加する場合、その団体のルールに従う必要があります。単独での行動はなるべく避けて、もし単独行動をする際には団体の責任者の許可を得なければなりません。個人で参加するケースより自由がきかないことも多く、自分が希望する活動に参加できないこともあります。

いずれのケースでも、被災した方々に対して迷惑をかけないようにしっかりと考えて行動しましょう。

COLUMN

人生を変えた被災地

関西学院大学4年(2016年) 成安 有希

　東日本大震災のボランティアに参加したきっかけは、発災後に何もできないもどかしさをずっと感じていたからです。震災当時、地元大分県で進学校に通っていた私は「何かしたい」と思っても、その環境からなかなか行動に移すことができませんでした。その思いが募り、大学入学後に社会学部のボランティアバスに参加し、岩手県野田村に行ったことがボランティアの始まりでした。すでに東日本大震災から1年半たっており、泥かきなどの力仕事ではなく、お茶会などを開いて住民の方々と交流することが主な活動でした。

　そうした活動を通じて私が感じたのは「もやもや感」でした。「ボランティアは力仕事、楽しんではだめ」と自然に思い込んでいたその頃は、住民の方と楽しい話をしていいのかと迷い、イメージと実際の活動のギャップに戸惑っていました。そんな思いを抱え2年ほどたって気づいたのは、「ボランティアは人と出会うきっかけ。楽しんでいい」ということでした。

　4年間通った野田村は今では私の故郷のようになっています。いつでも「おかえり」と言って待ってくれている人、再会を大喜びしてくれる人、そんな方々と一緒に食卓を囲んで本当の家族みたいに話をします。野田村の方々との出会いなくしては今の自分はなかったと言いきれるほど、本当にたくさんの素敵な出会いがありました。

　ボランティアを始めて、野田村と出合ったことは私の人生を大きく変えました。私は一般企業への就職活動をやめて、大学を卒業した2016年春、ボランティアに関われる仕事に就きました。そして近い将来、自分でNPOを立ち上げたいと思っています。私はボランティアを通して「自分にとってどんな生き方がいいのか」ということを考えさせられ、あらゆる場面で自分を見つめ直してきました。ボランティアはやればやるほどそのおもしろさを体感できるということを、いま実感しています。

右端が筆者

> **解説**
>
> **Q** 被災地に行かなくてもボランティアってできるの？

A 義援金や支援金などを被災地、被災者に送るのはもちろん、ボランティア活動をしている人たちに支援募金を行うこともできます。

義援金とは？

日本赤十字社や中央共同募金会、テレビなどを通じて集められ、被災自治体に送られて「義援金配分委員会」の決定により、すべて被災者に見舞金などとして「公平・平等」に分配されます。

支援金とは？

被災地でさまざまなボランティア活動に携わるNPOやNGOなどの活動資金として提供され、被災者のニーズにあった活動にあてられます。ボランティアをする人たちの活動のために使われます。

その他にも……

2014年に発生した広島土砂災害では、被災した方がとても多く、一箇所にたくさんのボランティアが集中すると、人手不足の現場が出てしまいます。そこで個人がSNSを使って、それぞれの現場の状況を発信することで、人手の過不足がなく柔軟に対応できました。SNSを上手に使ってボランティア活動をしましょう。

facebookやtwitter、LINEといったSNSを使って被災地の情報を発信したり、HPや通信などを使って広めたりすることもできます。ただし、その際に留意してもらいたいのは、信頼性のあるニュースなのか、タイムリーなものであるのかによって、被災地ではもう使えない情報になっているということもあります。気をつけましょう!!

|解説|

Q 救援物資の送り方はどうしたらいいの？

A 「いつ」「何を」送ればいいのか、正確な情報をつかんで被災地に送りましょう。送料も自己負担が原則です。

よくあるケース！

古着に関しては、サイズが合わなかったり、古すぎたり、どこの被災地でも予想以上の量が集まってしまって、処分するケースがほとんどです。

食品は？

被災直後は日々欲しいものが急速に変化します。また、アレルギーのある人、障害者、高齢者、子ども、外国人など多様な人たちがいます。宗教の違いで食品の一部が食べられない人、病気で食事制限を受けている人もいて、その人たちにあった食品を送ることが大切です。

その他にも……

よかれと思って、募集されているもの以外に送ってしまうと、数が少なすぎて、配れないものもあります。一方で大量に届いてしまうと、仕分けや配達に人員が大幅に割かれてしまい、本来やるべきことに手が回らなくなります。

現金を送って地元で被災した企業で買うのも被災地支援になります。地元の経済が潤うことはとても大切です。物資は阪神・淡路大震災以来、「第二の災害」とも言われています。時期を見極め、信頼できる団体や個人を見つけて、被災地に迷惑にならないように送りましょう。

特に海外支援で物資を送ろうと思うと、送料に多額のお金がかかってしまい、本来の支援目的以外のところに経費がかさんでしまいます。物資を届ける際には、時間とニーズをしっかりチェックしたうえで送りましょう。

解説

Q ボランティア保険とは？

A ボランティア活動中に発生した事故の補償をする保険です。

　ボランティア個人がけがをした事故に加え、ボランティア個人やNPO法人などが賠償責任を負うことになる賠償事故の二つがあります。賠償事故については、ボランティア活動中に活動先の所有物を破損したり、住民や他のボランティアにけがをさせてしまったりするケースが考えられます。

　ボランティア保険は、社会福祉協議会の窓口で加入することができます。風水害は通常プランで十分ですが、地震や噴火、津波の危険がある被災地に行く場合は天災プランに加入しましょう。一度加入すると、年度末（3月31日）まで有効です。災害ボランティアの場合、被災地で加入するのではなく、可能な限り出発地で加入しましょう。被災地に出向く途中の事故も補償されるからです。

ボランティア保険の対象

　日本国内における「自発的な意思により他人や社会に貢献する無償のボランティア活動」で、下記①〜③のいずれかに該当する活動とします。

　①グループの会則により企画、立案された活動であること
　　（グループが社会福祉協議会に登録されていることが必要です）
　②社会福祉協議会に届け出た活動であること
　③社会福祉協議会に委嘱された活動であること

制度の種類・運営主体

　全国社会福祉協議会の「ボランティア活動保険」が大きなシェアを占めていますが、独自に都府県社協が制度を持っていることがあります（札幌市、宮城県、東京都、愛知県、京都府、大阪府、兵庫県など）。制度が少し異なるため、掛金（保険料）や補償金額に若干の差異があります

補償内容・掛金等はHPをしっかりと確認しよう！
全国社会福祉協議会
https://www.fukushihoken.co.jp/fukushi/front/council/volunteer_activities.html
その他のボランティア保険
「○○県・市　ボランティア保険」で検索

9

Action plan

気軽にボランティアをしてみよう！

　1995年1月17日に阪神・淡路大震災が起きて甚大な被害をもたらす一方、多様なボランティア活動が展開されたことから、災害対策基本法にボランティアの重要性が記載されました。そして、「ボランティア元年」と称賛されたのです。

　阪神・淡路大震災の発生後、1年間に約138万人のボランティアが全国から被災地にやってきましたが、そのうちの7割は初心者ボランティアでした。そうしたなかでも6割から7割を占めたといわれる若者の活動が注目されました。初心者ボランティアは、誰かに言われて被災地にやってきたのではなく、誰かの指示があって活動をしたのでもありません。

　その活動といえば、救援物資の整理や配布、炊き出しの手伝いなどが多かったのですが、避難所から元の家や仮設住宅への引越し、高齢者の話し相手、障害者のサポート、買い物の手伝い、病院送迎など実に多様な活動を展開しました。僧侶たちが火葬場で読経ボランティアをしたというケースもありました。今では、被災者の心のケアにもなっている「足湯ボランティア」も阪神・淡路大震災から始まったボランティアなのです。

　初心者ボランティアは、先述したように誰かの指示があって活動した訳ではなかったので、自分で考えなければならなかったのです。その結果、炊き出しボランティアといっても、ボランティアが豚汁でも作って被災者に配膳するというスタイルではなく、被災者に鍋やまな板、包丁、食材を提供して、被災者自身で作ってもらうという「鍋釜作戦」という活動をしたグループもありました。被災者といっても元気な人が多く、身体を使うことができることに気づいたからでした。これも、自分で考えた結果のアイデアです。

　普段は気づかないところを「隙間」と考えると、災害ボランティアは隙間を埋める活動といえるでしょう。あなたも気軽にボランティアしてみませんか？

2 災害ボランティアの活動って?

災害ボランティアのことは色々と分かったけど、いざ現地で活動するとなると一体どんなことをすればいいのだろう?
ボランティアセンターのこともよく知らないし…

いざ現地で活動するとなると、
やっぱり不安になるものですよね。
そんな不安を取り除くためにも、
災害ボランティアの活動をするまでの流れや
災害ボランティアセンターの仕組みも
この章で解説していくよ。

災害ボランティアと一口に言っても
いろんな活動があるんだろうし、
過去の災害での様子も学んでみたいなぁ。

災害の種類は多種多様。
災害が起こる場所も、地域性や
住民の方々の性格も一人ひとり違うものなんだ。
だから、色んな過去の経験を参考にすることも
大切だけど、その場その場でしっかりと考えて
臨機応変に対応することも、
とても大切なことなんだよ!

What should you do on the site?
現地で活動するには？

　災害ボランティアとして現地で活動するには、情報収集が大切です。個人で参加する場合も団体で参加する場合もしっかりと情報収集を行いましょう。

　災害現場では何が起こるかわかりません。地震が発生した地域では、余震が相次ぐ可能性もあります。災害に巻き込まれてけがをしないように、危険な場所にはむやみに立ち入ることは避けましょう。また、災害ボランティア活動をしていると、どうしても無理をしがちになります。とくに真夏の泥かきなどガテン系作業は体力を消耗させます。無理をして倒れてしまったり、けがをしてしまったりしないように休憩を十分とることも大切です。

　災害現場に行くと、さまざまな状況が目に入ってきます。事前に聞いていた情報とは違う状況になっていることもよくあります。しっかりと情報収集をすることは大切ですが、現地では思い込みにとらわれず、状況に合わせて考えて、柔軟に対応することも大切です。

　住民の方と出会うこともあるでしょう。その場合は、しっかりとコミュニケーションをとりましょう。そのお話の中から、困り事や解決しなければならないこと、災害の様子や現在の状況など、さまざまなことがわかってきます。

　なによりも災害ボランティアの活動は、住民の方が生活を立て直して、安心して暮らしていくことができるようになるためのものです。活動の内容などで迷ったときは、その原点に立ち戻って考えてみましょう。

　現地に入らなくてもわかることと、現地に行ってみなくてはわからないことがあります。初心者だから迷惑になると考える方もいるかもしれませんが、現地ではたくさんの人たちの多種多様なニーズに応えるため、たくさんのボランティアが必要とされています。必ず何か役に立つことがあるはずです。勇気を出して、現地へと一歩踏み出してみましょう！

ボランティアセンターの仕組み

　自然災害が発生すると、災害ボランティアセンターが開設されるようになっています。初めてのボランティアであっても、そこに行けば活動ができます。
　災害ボランティアセンターは、下図のようにまず受付があり、オリエンテーションを経て、被災者のニーズと支援者を取り持つマッチングに移ります。そして、必要な資機材をもらって、グループで現場に行くという流れです。活動が終了すると、資機材を洗い、報告書を担当者に提出して終わりです。報告書には、活動するなかで気になったことがあれば書き留めましょう。
　ボランティアセンターの形態は、そのほとんどは社会福祉協議会が担います。ときには、NPOやNGO、ボランティアを主体に発足することもあります。理想的なのは、社会福祉協議会をはじめ、NPOやNGO、ボランティア、青年会議所、生活協同組合、労働組合、企業、宗教団体、大学、行政など各種団体が協働で運営することです。

COLUMN

ボランティアセンターの新しい形 〜広島土砂災害でのSNS活用〜

被災地NGO協働センター　代表　**頼政 良太**

　2014年8月20日に発生した広島土砂災害。大規模な土砂崩れが発生し、全国的に報道されて県内外から多くのボランティアがやってきて、社会福祉協議会を中心としたボランティアセンターでは受け入れきれない状況でした。

　こうしたなかで、多くの地域で住民自らがボランティアセンター的な機能を担い、独自にボランティアを受け入れていました。ボランティアセンターでは対応できずにボランティアの受け入れを断ってしまうこともありました。断られたボランティアの多くは自分たちで被災地を歩き、住民の方々に受け入れてもらいながら活動していました。

　あちらこちらに住民独自のボランティアセンターができたことは一見、管理が行き届いておらずバラバラなように見えます。ところが、とても小さなボランティアセンターがいくつもできることで、地域の細かな事情がわかるという利点もあり、スムーズに住民のニーズに応える活動ができます。

　こうした住民の動きを支えたのがSNSです。ある方がSNSを通じて支援を呼びかけたところ、100人を超えるボランティアが駆けつけてくれたそうです。ボランティアセンターも従来の形だけでなく、SNSを活用した新しい形が生まれてきています。

　大規模な被災だから大規模なボランティアセンターという発想だけでは、支援の手からこぼれ落ちる被災者がでてしまいます。ボランティアセンターの担い手が多様化し、より細かく小さな組織、住民の自主的な組織がたくさんできることも重要ではないでしょうか。

COLUMN

十人十色のボランティア

被災地NGO協働センター　顧問　村井　雅清

　人はいろいろな考え方をして、またさまざまな感性を持っています。つまり「十人十色」です。

　当然、災害ボランティアも十人十色です。十人十色のボランティアがアイデアを駆使し、多様な活動を展開して支援のロープを投げるから、支援を受ける被災者はその中から自分に必要なロープを掴むことができます。被災者も十人十色なのです。ボランティアも、被災者も、みんな同じだと一括りにすることは大きな間違いです。

　阪神・淡路大震災のときに生まれたあるボランティアグループには偶然、不登校の中学生や大学を中退した人、会社を辞めて悩んでいた人など実に多様な人たちが集まっていました。みんな個性が強く、ユニークな人たちばかりでした。茶髪であったり、長髪であったり、下駄を履いていたりという風体だったことから、世間の人は「あの人たちはほんとに被災者支援に来たボランティアなのか？」と怪訝そうに見ていました。ところが、誰も寄り添わない被災者のところに行って、さまざまな支援をしていたのは彼ら彼女らだったのです。

　なぜか支援の手が届いていない被災者のところに行っているのは、そうした支援者たちだったのです。彼ら彼女らに培われた感性が、そうした被災者を発見するのに長けていたと思われます。このグループは、身寄りのない被災者が亡くなったときには「ボランティア葬」をして野辺送りをしました。その亡くなった方は、被災地のある病院で息を引き取ったのですが、身内がいないということから生活保護扱いで指定の葬儀屋に遺体が運ばれていました。しかし、そのボランティアグループは、身内がいることも知っていて、連絡をとって葬儀に来てくれるようにお願いして、ご遺体をあるお寺に移し、ボランティア葬としたのです。葬儀屋の職員さんが「こんなすばらしい葬儀は初めて経験しました」と感動されていたのが印象的でした。

　こういうケースも、ボランティア活動の「隙間」といえます。

　ノンフィクション作家の柳田邦男さんは、ボランティアの意義をこうした「隙間」に向き合い、新しい価値観の共有をはかり、活動を通して社会の仕組みの解体や再構築をするところにあると言っています。

> 解説

Q 被災地に入った際に気をつけることは？

　被災地に入り、被災者と接したときに気をつけなければならないことがいくつかあります。

　1つめは、被災地で写真を撮ることについてです。撮ってはいけないとは言いませんが、必ず被災者もしくは被災地の関係者に事情を説明し、許可を貰ってから撮りましょう。被災者のなかには「見世物じゃないのだから」と不愉快に思っておられる方もいるでしょう。細心の注意を払うことが必要です。

　2つめは、ボランティアのことをよく知らないために、お礼に金品のほか食べ物や飲み物を出される方がいます。絶対に受け取ってはいけないのはもちろんですが、きちんと「私たちは○○ボランティアセンターから派遣されて来ています。礼金やその他のお礼などは一切無用ですよ！」と説明することが大切です。とくに、高齢者には有償だと思っている方が少なくありません。ただし、「お茶でも飲んでください！」と出された場合は、いただいてもいいでしょう。

　3つめは、被災者のお家に入って活動しているときに、誤って大事なものを壊してしまった場合のことです。ボランティア保険に加入していると補償されますが、必ず写真を撮っておくことを忘れないことです。理想的には、作業前に丁寧に写真を撮っておき、作業が終われば、元のとおりに復元することを心がけることが必要です。

　4つめは、被災者と話をするときのことです。家族を亡くしたり、家を失ったりしている方々の心情を察し、被災の状況などを根掘り葉掘り聴くことは禁物です。被災者の方から被害時の状況を話し出しても、相づちを打つくらいにして、こちらから聴き出すようなことをしてはいけません。難しいことですが、黙って被災者のそばにいることにチャレンジしてみましょう。

　そして、ボランティアにとって最も求められることは、被災者自身が主体となって行動することを、そっとお手伝いするという心構えです。被災者が主役で、ボランティアは脇役であることを忘れないようにすることが大切です。

解説

Q 泥出しやガレキ撤去の際の服装って？

A 怪我をしないように、安全な服装で無理をしないことを心がけましょう。

その他にも……

　泥出しやガレキ撤去をする際、ついつい力仕事に集中するあまり、被災者の方の心が置いてきぼりになってしまうことがあります。たとえば、男の人ばかりだと、被災者の方に女性や子どもがいると話しにくかったりします。そんなときでも、女性と一緒に話をしたり、お子さんと遊んだりすることも大事な活動のひとつです。

　このように、ときとして被災者のそばにただ黙っていることも大事なことです。被災地を訪ねて、被災者の方から「大切にしていたものを捨てられてしまった」とか「ボランティアさんに話を聞いてもらえて気持ちが楽になった」とか言われたこともあります。泥出しだけでなく、被災者の「暮らし」を見るようにしてください。

まずは一歩を踏み出して、小さな実績を重ねよう

　自然災害が発生し、何かしてみたいと思って、あるきっかけからボランティア活動に飛び込んだMさんを紹介します。

　テレビから流れてくる阪神・淡路大震災の映像では、高速道路が倒壊し、街のあちこちから火の手が上がり、まさに未曽有の災害となって、とても日本で起きているとは思えませんでした。その映像を見て、Mさんと同じように「私も何かしたい」「何かしたいけれど、何をしていいかわからない」「ボランティアをしたいけれど、今はできない」などと思った人はたくさんいたはずです。

　被災地NGO恊働センターでボランティアに関わったMさんは当時、大分県在住の中学3年生でした。知人がボランティアに行ったという話を聴いて、中学生としてできたことがあったかもしれないけれど、自分は何もできないでいました。その後、縁あって1998年に神戸の大学に入学。まだ三宮センター街は工事中で、仮設住宅もあった神戸での生活が始まり、震災当時の「何かお手伝いしたい」という気持ちを抱えたまま悶々とする日々が続きました。

　1999年の夏、洋上大学に参加しました。その年トルコで地震が発生し、被災地支援をしている草地賢一さん（トルコ地震救援委員会委員長）と出会い、中学3年のときの想いがつながった瞬間でした。「今の私なら神戸で何かできることがある」と思ったのです。最初は、「洋上大学の人も行っているかな？」「誰かに会えるかな」「草地さんに会って、もっといろいろ勉強したい」という気持ちで、緊張しながらもNGOのドアを叩いたのです。実際ボランティアに行ってみると、難しいことを考えすぎていた、学生でも気軽にボランティアってできるのだと思ったのです。

　こうしてみると、ボランティアって何か特別なことではなく、人と人の出会いがあって、その出会いを育むことなのかもしれません。その一歩を踏み出すことで世界が変わっていくのですね。Mさんが「ボランティアに関わって人生が変わりました」と話してくれた、そのときの笑顔が印象に残っています。

3 ボランティアの基本姿勢

災害ボランティアのことはわかってきたけれど、
実際に被災した人たちと接した時って、
きっと緊張するんだろうなぁ…

災害ボランティアとして活動をしていると、
被災した方々と接する機会も多くなります。
被災した方々は、一人ひとり状況が違います。
しっかりとコミュニケーションをとっていくことも
災害ボランティアの活動では
重要なことなんですよ！

コミュニケーションかぁ。難しいなぁ。
いろんなシチュエーションもあるだろうし。
僕にもできるかなぁ？

心配することはないですよ。
あまり緊張しすぎず、目の前の人のことを考えて
お話したり、行動したりすれば大丈夫です。
この章では、さまざまなボランティア活動の
中での視点を解説しますが、
基本姿勢は被災した方々のことを考えて、
相手の立場になって接するということです。

泥出しボランティア

　17ページの解説でも説明したように泥出しやガレキ撤去に行く場合は、安全に十分配慮した服装で現地に向かいましょう。活動中は粉塵やカビなどの発生によって、決して衛生的な環境ではありません。そのため、マスクをして、水分補給や休憩を十分にとりながら活動しましょう。

　現地のボランティアセンターに行けば、スコップなどの資機材は借りることができます。ちょっとした知恵と工夫で、活動しやすい作業工程も生まれています。たとえば、穴のあいたバケツに土嚢袋を入れると、スムーズに土砂を入れることができます。また、水害地でよく使われている消石灰は消毒をするためのもので、ある程度乾いた土の上に撒くのが正しい使い方です。床やコンクリートの上に撒いても効果はありません。

　実際に活動すると、「せっかく来たのだから」「数日しか滞在できないから」とついつい一生懸命になりすぎて、被災者の方に負担をかけてしまいます。被災者にとって終わりはなく、連日片付けに追われてしまい、疲労がたまり続けてしまうのです。だから被災者の方のペースに合わせて、ボランティアも無理をしないように活動しましょう。

　泥出しというと肉体労働のため、メンバーには男性が多くなりがちです。でも、被災者には女性や子ども、高齢者、障害者、外国人など多様な人がいて、いろんな生活があります。ついつい肉体作業に集中してしまいがちですが、そこには被災者一人ひとりの暮らしがあるのです。ただ黙って被災者のそばにいて話を聴いたり、つぶやきに耳を傾けたりするのも、ボランティアの大切な役割です。泥出し、ガレキ撤去の際はその人たちの一人ひとりの「暮らし」に目を向けて活動してみませんか？

　泥にまみれた品々、壊れてしまったもの、他人から見れば「ガレキ」にしか見えず、ついつい捨ててしまいがちです。しかし、被災した人たちにとっては思い出の詰まった大切なものなのです。捨てるときは、一つひとつ丁寧に確認しながら、作業を進めましょう。

避難所での
ボランティア活動

　避難所でのボランティア活動は、たくさんの役割があります。すぐに思いつくものとしては、炊き出しボランティアがありますね。多様なボランティアが避難所に関わることで、被災者の方々の生活をきめ細かくサポートすることができます。

　避難所は一時的に避難をする場所ですが、それと同時に被災者の方々が生活をする場でもあります。阪神・淡路大震災の際に画期的な「ケア付き仮設住宅」を提案し、運営してきた園田苑理事長の中村大蔵さんは「仮の住まいはあっても、暮らしに仮はない」と指摘しています。

　避難所は被災者の方々の生活の場であることを踏まえて活動することが大切です。たとえば、食事の場所と寝る場所が同じだった場合、衛生的によくないうえ、生活にメリハリがつかないでしょう。食事や寝床などについて目配り気配りが欠かせません。

　また、避難所でのボランティア活動は、避難している方々と信頼関係を築くことが重要であり、そうした信頼関係がなければよい活動はできません。

　避難所には多様な人々が避難しているので、一人ひとりの状況に目を向けていくことが大切です。被災者の方々の表情に注意しましょう。前日にくらべて顔色が悪くなっていたら何かあったかもしれません。そうした小さな変化もヒントになるので、気をつけておきましょう。避難所には保健師など専門職がいることもあります。避難者の方と接していて気になったことや体調が悪そうな様子に気づいたならば、保健師さんらと情報を共有し、連携して活動することも重要です。

　一人ひとりの状況を把握しながら、じっくり話を聴いたりコミュニケーションをとったりして、生活をサポートすることが避難所のボランティア活動では必要です。避難所から元の家や仮設住宅に移ってからも支援は続きます。その後もフォローできるように関係性を保ち、連絡先を聴いておくことも大切です。

仮設住宅での
ボランティア活動

　避難所生活から仮設住宅での暮らしに移行したときに、住まいは「仮」であっても、暮らしは「仮」であってはならない。避難所ボランティアの項目でもそう指摘しましたが、言い換えれば「こんなときだから少しの不自由さは辛抱しましょう！」ということではないということです。阪神・淡路大震災では仮設住宅の暮らしが5年間も続いたのですが、その5年間で孤独死が233人にものぼりました。

　この悲惨な事実から学んだことは、亡くなったときにお一人であったことが問題ではなく、生前、孤独な生活をしていたということが課題なのです。従ってボランティアは、とくに一人暮らしの被災者には「いつも私たちがいますから、何でも遠慮なく言ってくださいね」というくらいの配慮がほしいものです。訪問するときには、電気のメーターが動いているか、郵便受けに新聞や郵便物が溜まっていないか、などをチェックすることも必要です。

　仮設住宅に入居した直後は、避難所から開放されて「やれやれ」と一息つくのですが、しばらくして次から次へと、仮設での暮らしの不便さに直面します。さらに、仮設住宅を出て行く段階になると、「取り残され感」が出てきて、ストレスが溜まり、体調不良を起こして精神的にも不安定になります。支援者としては最も注意を払わなければならない時期であり、ボランティアだけで対処するのではなく、可能なかぎり自治体職員や専門家に加わってもらい、チームとして見守る体制をつくることが重要です。

　そして、仮設住宅から終の棲家に移るときのことをイメージして、どんなささいなことでも希望を持ち続けるよう促すことも必要です。東日本大震災の被災者で、災害前のようにお孫さんが訪ねてくる家が必要だと思い続け、持ち家の再建を果たした一人暮らしの被災者がいます。これが、暮らしに「仮」はないという意味なのです。

お茶会ボランティア

　避難所や仮設住宅で生活するなかで、住民同士のつながりづくりや居場所づくりのためのボランティア活動はとても重要です。その手段の一つとして、仮設住宅の集会所や地域の公民館でお茶会などのサロン活動をおこなうことがあります。

　お茶会を開くことは住民の居場所づくりになるだけでなく、ボランティアにとっては被災者のさまざまな声を聴ける機会になります。そうした住民の生の声は、被災者のニーズや困り事を把握することにつながったり、復興支援のヒントが隠されていたりすることがあります。お茶会を楽しんでもらうだけではなくて、しっかりと住民の声に耳を傾けていくことが大切です。

　阪神・淡路大震災や東日本大震災の仮設住宅では、今まで暮らしていた地域の隣近所の人たちと離れ離れになって入居した方が多くいました。その結果、それまでの地域コミュニティが分断されてしまい、孤独死を引き起こしてしまう恐れもありました。

　さらに、仮設住宅から元の地域に戻ったり、復興住宅に転居したりした方のなかには、家に閉じこもってしまうというケースも少なくありませんでした。分断されたコミュニティを再構築するための支援活動として、お茶会などの居場所づくりは欠かせない取り組みです。

　ボランティアが一方的にしてあげるばかりでなく、住民の方と一緒にお茶会のサロンを運営していくことも考えましょう。住民の方が「お客さん」になってしまうくらいに手取り足取りやってあげるのは、最初のうちは仕方ないかもしれませんが、被災者の自立を考えると決して好ましいことではありません。住民同士でもお茶会が開催できるように促していくことも必要ですので、ボランティアも住民の方々と一緒にお茶会を楽しむ「仲間」という気持ちをもって活動するようにしましょう。

COLUMN

足湯ボランティアの力

被災地 NGO 協働センター　代表　**頼政 良太**

　足湯ボランティアは、被災した方々の足を温め、お話をすることで、心と体をともに"ホッ"としていただくというボランティア活動です。タライに入れた湯に足をつけてもらい、向かいに座ったボランティアが手をさすりながら、さまざまな話を聴くという取り組みです。その状態で語ってくれた言葉のことを「つぶやき」と呼び、カードに記録します。

　足湯ボランティアには不思議な力があります。それは1対1で行うボランティアだからこそできるのかもしれませんが、被災した方々とすぐに仲良くなることができるのです。

　大学生だった2008年に岩手・宮城内陸地震という大きな地震がありました。すぐさま被災地に向かった私は、避難所を回ってボランティア活動ができないか模索していました。そのうちに、住民のみなさんが自主的に避難されている会館にたどり着きました。恐る恐る「足湯をしてみませんか？」と声をかけたところ、住民のみなさんは怪しみながらも承諾してくれました。

　さっそく足湯に取りかかると、おばあちゃんが足湯に入ってくれました。最初は暗い顔でしたが、そのうち地震の話や自分たちがいま不安に思っていることなどをポツリポツリと話してくれました。最後には笑顔になって「ありがとう」と言ってくれたのです。

　足湯が終わると、そのおばあちゃんは避難所にいた知人に足湯を勧めてくれるようになり、結局、避難所にいた5人すべてに足湯をすることができました。次の日も同じ避難所で足湯を行いました。この日で私は神戸に帰らなければならなかったのですが、足湯を終えたおばあちゃんたちから「神戸に孫ができたようだ」と言ってもらえました。

　足湯ボランティアにはこのような不思議な力があります。一人ひとりのお話をしっかりと受け止めることで、自然とその方々が自力で立ち上がる手助けにもなっているのです。

COLUMN

「まけないぞう」で人が変わる？

被災地NGO協働センター　まけないぞう事業部　増島 智子

　1995年1月17日午前5時46分。阪神・淡路大震災が発生し、マグニチュード7.3の大きな揺れによって、6434人の尊い命が奪われました。戦後初めて大都市を襲った直下型地震で、被災規模は東日本大震災に次ぐ大災害となりました。

　その大地震がきっかけで、被災者を励ます手芸品が生まれました。「まけないぞう」です。

　当時、仮設住宅で「孤独死」が相次ぎ、ある医師が「孤独死」の前には「孤独な生」があると教えてくれました。そこで私たちは、生活に張り合いを持ってもらおうと、全国から救援物資として送られてくるタオルの活用を思いつきました。

　当初はタオルで雑巾を縫ってもらうと考えましたが、仮設住宅に手芸が得意なおばちゃんがいて、「タオルで象さんができるよ」と教えてくれました。半分を象の形にして、残る半分をお手拭きにした壁掛けタオルが生まれたのです。

　被災者の生きがいづくりにしようと、「震災に負けない」という想いを込め、愛称を「まけないぞう」に決めました。1個400円で販売し、そのうち100円が被災者である作り手さんに渡されます。

　これまでに25万頭以上の「まけないぞう」が国内外に飛び立っていきました。買い求めた支援者からは「私は病気ですが、震災で大変に目に遭った人たちが頑張っているのなら、私も病気に負けないように頑張ります」。それを伝えた作り手さんは「やっとあのときの恩返しができた。私も人のお役に立てるのね」と喜びました。一方的な支援ではなく、お互いに支え合える関係を築くことができたのです。

　そして、いま東日本大震災で5年近く作り続けている80代の作り手さんは、いつか自宅を再建すると心に決めました。再建した家の記念になるものを買うため、「まけないぞう」で30万円を貯めました。

　「まけないぞう」はこうして希望をつなぎ続け、人々をつなぐメッセンジャーになっています。

解説

Q 避難所って何？

A 避難所にはその役割によっていくつかの種類があります。みなさんが住んでいる市区町村のホームページ（HP）には、避難所の一覧やハザードマップが公開されているので、確認してみましょう。避難所と避難場所も意味が違います。避難場所は一時的に緊急避難する所なので、生活には適していないということも覚えておきましょう。

①指定避難所

自治体によって指定されている避難所で、学校や公民館などが指定されているケースが多い。市区町村の HP やハザードマップに記載されている避難所はすべて指定避難所です。地震の場合と水害の場合で分けられていることもあるので注意しましょう。

②自主避難所

東日本大震災でも多く見られた避難所。指定避難所にたくさん詰め掛けて入れない場合や、指定避難所が遠くて行けないという人たちが自主的に集まって避難している場所。大きな家や寺、神社などが避難所になっているケースが多い。自主避難所はどこに設置されたのかすぐに把握することが難しいため、支援物資の配布や炊き出しなどが遅れてしまうこともあります。

③福祉避難所

通常の避難所での生活が難しく、特別な配慮が必要な人（たとえば、要介護度が高い人、重度の障害がある人）が身を寄せる避難所です。多くの市区町村で二次避難所として位置づけられており、災害後に避難所の様子を見て開設が決まります。市区町村内の福祉施設などと協定を結び、災害時には福祉避難所として被災した人たちを受け入れてもらうことになっています。しかし、現実には十分な受け入れ態勢にはなっていません。

> 解説

Q 仮設住宅って何？

　住まいを失った被災者は避難所生活の後、国から供与された仮設住宅に入居するケースがほとんどです。そして、その後に持ち家を再建するか、災害復興公営住宅に入るか、あるいは民間賃貸住宅に移るか、という選択をします。

　東日本大震災では仮設住宅を建設する土地が不足し、国が民間の賃貸住宅を期限付きで借り上げ、「みなし仮設」とするケースが増えました。ただ、「みなし仮設」の場合は被災者が点在してしまうため、支援者としては十分なサポートが難しくなるという課題が残りました。

　阪神・淡路大震災では、市民とNGOが共同で刊行した『市民がつくる復興計画』によって、災害後の住まいについては避難所→仮設住宅→災害復興公営住宅という単線型の政策だけでよいのかという問題提起をしましたが、「阪神」では実現しませんでした。

　ところが、東日本大震災で被害を受けた岩手県釜石市唐丹の花露辺地区は、地域のなかに仮設住宅を建設するという選択をせず、一気に災害復興公営住宅の建設を要望し、他地域より早く公営住宅が完成するという画期的なケースが生まれました。そもそも仮設住宅は、撤去費も加えると1軒あたり約1000万円もかかってしまうという課題があります。復興住宅の建設は立地条件に左右されますが、今後は花露辺のようなケースが増えてくると思われます。

　また、東日本大震災ではストックしていたプレハブの仮設住宅では必要戸数に足りず、追加生産も間に合わなくて、福島県を中心に木造仕様の仮設住宅が大量に供給されました。木造は環境に優しく、人気が高く、制度さえ見直せば公営住宅への再利用も可能なので、今後は木造仮設住宅の増えることが期待されます。

　阪神・淡路大震災で突きつけられた教訓のひとつは、仮設住宅で相次いだ「孤独死」でした。「孤独死」を防ぐためには、仮設住宅で支援者によるきめ細かな見守りが不可欠となります。ここでもボランティアの役割は大きいのです。

| 解説 | **Q** ボランティア活動はどんなことするの？ |

A 泥出し・ガレキ撤去：被災家屋などの後片付け、企業や事業所、田畑などの清掃。
避難所活動：話し相手、食事や物資、掃除などのほか健康チェックも。
炊き出し：自炊できない人に食事の提供。
送迎サービス：移動が困難な人のための支援。
お茶会：被災者との交流、話し相手。
足湯：被災者のつぶやきを聴く。
引っ越しの手伝い：避難所から仮設、仮設から自宅などへの引っ越しを手伝う。
学習支援：子どもと勉強したり、遊んだりします。
……などなど何でもできます。

被災者も支援者も同じ目線で

ボランティア活動は、支援者側の行動だけではなく、被災当事者の仕事につながることもあります。たとえば、東日本大震災ではガレキ撤去などは緊急雇用創出事業として被災者を雇用し、給料が支給されるようになりました。また、炊き出し活動でも、その事業を使って避難所の栄養管理や衛生面を確保するために栄養士や調理スタッフを雇用しました。

阪神・淡路大震災では炊き出しボランティアが配食サービスをするようになり、送迎サービスが雇用につながる働き方に変化していきました。このように無償のボランティア活動から有償の仕事にもつながることもあるので、「すべてやってあげる」というのは控えましょう。被災した方々のなかにも「何かしたい」「役にたちたい」「支えられるだけはしんどい」と思っている人もいます。被災者も支援者も同じ目線にたって活動することが大切です。

熊本地震の被災地では、被災者自らのボランティア活動が活発におこなわれています。

声なき声を聴こう

　被災者といっても、誰もが不安や悩み、要望などを積極的に口に出すわけではありません。むしろ、言いたくても言えずに遠慮したり、我慢したりする人のほうが多いでしょう。被災者の心情を理解し、支援者がそれに向き合うことが基本的な姿勢です。支援者の想像力と創造力が問われるところです。「遠慮しなくてもいいですよ、気軽に何でも言ってください！」という気遣いが大切です。

　被害の大きい人ほど声が出せないということも、肝に銘じておく必要があります。東日本大震災でよく耳にすることが、「私のほうは一人しか亡くなっていないけど、あの人は家族のほとんどが亡くなってしまったの。私なんかよりもあの人のことを気遣ってあげてください」という切ない遠慮です。言うまでもなく人の命の重さに軽重はありません。実際には「そんなことないですよ」というのが精一杯なのですが、できるかぎり「遠慮しないで」と言い続けることです。

　また、新聞などで「自立」や「復興」という言葉が頻繁に使われるようになると、被災者は声が出せなくなります。被災体験を想像することは簡単ではないですが、「もし自分が被災者だったら」と我が身に引き寄せて考え、行動することを心がけましょう。

　聴くという漢字を「聞く」ではなく、「聴く」を使っているのは、「思いやり」や「気遣い」「配慮」が大切だからです。精神科医の故なだいなださんが生前、「人間は信頼関係があれば、そこそこ自由でいいんだ」と言っていて、なるほどなぁと気づかされました。

　ボランティアセンターでは、被災者のニーズは何かという見方をしますが、ときには「被災者に自由があればどうだろう？」と想像してみることも大切です。ボランティア活動のなかで鍋釜作戦での炊き出しというアイデアは、まさにニーズではなく、自由を提供した活動ではないでしょうか。これは、支援者が食事をつくって被災者に配膳するというのではなく、被災者に鍋やまな板、包丁といった道具や食材を提供して、被災者自身で料理をつくってもらうという発想です。被災した方々は喜んで受けてくれます。自由への第一歩です。こうして声なき声を聴くことにチャレンジしましょう！

熊本地震の被災地で

▲ ボランティアによる支援が始まった益城町。津波で被災した岩手県陸前高田市の職員も応援に駆けつけていた（=2016年4月23日撮影）

▲ 避難所に届いた救援物資。衣服はダンボール箱で男女別に仕分けて提供されていた（=2016年4月24日、西原村の山西小学校で）

▲ 川沿いの地盤が崩れ、軒並み倒壊した住宅（=2016年4月23日、益城町で）

　震度7の激震が二度も起きた熊本地震の被災地は余震が相次ぎ、ボランティアセンターの開設が遅れました。ようやくボランティアがやってきて救援物資の支給や炊き出しが始まると、被災した人たちの表情にほっとした様子が広がりました。ボランティアには被災地を勇気づける力があるのです。

4 あなたと同じように初心者で悩んでいる人に

災害ボランティアの活動に参加してみて、
どんな気持ちになったかな？
体験したことやその時感じたことを
ぜひ周りの人にも発信してみよう。

ブログや SNS を使うと気軽に発信できて
いいかも。僕も最初は体験した人たちから
色々と聞いたけど、同じように悩んでいる人も
いるだろうし、気軽に発信した方が
受け取りやすいかもしれないな。

ボランティア活動を終えて、
自分の考え方や日々の暮らし方についての
気持ちが変わった人もいるよ。
そうした気持ちもぜひ周りに伝えてあげよう。

よし、まずは SNS で感想を書いてみよう！

これからの自分のために

　災害ボランティアの活動に参加してみていかがでしたか？

　さまざまな活動に参加することで、自分の中で感じたことや気がついたことも多かったと思います。

　災害ボランティア活動を通して自分が感じたことを記録に残すのは、とても大切で意味のあることです。ボランティア活動には正解や答えがわかりづらいこともたくさんあります。悩んでしまうこともたくさんあるでしょう。過去の自分の気持ちを整理して残しておくと、次に同じように悩んだとき、記録を読み返すことによって過去の自分の気持ちを思い起こしたり、振り返ったりすることができます。悩みの解決につながることもよくあります。

　実は、災害ボランティア活動は災害時のみならず、日常にも通じている活動です。たとえば、就職して社会人になった後に記録を読み返しても、仕事のやり方や気持ちの持ち方などで、きっと自分にとってプラスになる発見があるはずです。

　記録を残す際には、何をやったのかという活動記録も大切ですが、活動を通じて自分が何を感じたのか、どのように思ったのかという感想を書き残すことが重要です。その時々で感じたことは意外と忘れがちであり、過去の記録をたどることでどのように自分が変化していったのか、振り返ることができます。そうすることによって、自分を客観的に見ることにもつながっていくでしょう。

　災害ボランティア活動は、自分の世界を大きく広げていくチャンスです。今まで経験していなかったことや知らなかったこと、出会うことのなかった人たちとの触れ合いなど、学校にいるだけでは経験できないような機会がたくさんあります。被災者との出会いは、自分たちの暮らし方をいま一度考えるきっかけにもなります。ボランティアの仲間との出会いは、豊かな価値観をもたらせてくれます。

　ぜひ、経験したことをこれからの自分のためにも生かしていきましょう。

復興支援ボランティア

　自然災害が発生した直後は、ボランティアが被災地に駆けつけることは定着してきました。しかし、復興の段階まで被災地に関わっているボランティアや団体はごく限られています。

　でも、よく考えると、発災直後の大変さより、その後の復興段階での困難さのほうが深刻だとも言えます。

　避難所から仮設住宅への移行生活のなかで、ときどき「こんなことなら、あのときいっそ死んでいたほうがよかった」という複雑な心境を吐露される方も少なくありません。支援者としてはこの言葉を聴くことほど辛いことはありません。また、被災した方々は「元の暮らしを取り戻したい」「贅沢は言わない、普通の暮らしがしたい」とも言われます。

　発災直後に比べて支援も先細りになり、被災者は「もう、私たちは忘れられてしまったのでしょうか？」と不安になるのです。

　したがって、支援する側の課題は、支援のサイクルが「発災直後の応急期」→「復旧・復興期」→「平時の備え」→「もう一つの社会へ」と切れ目なく継続することなのです。1日も早く元の暮らしを確保できるようにサポートしつつ、幸せな新しい暮らしを目標とすることで、希望が見えてきます。そのような支援をすることが求められているのです。

　被災して、これまでに経験したことのないような境遇を体験したからこそ、「二度とこのような苦しみを味わわないために」と次世代の人たちに対して、「災害に強いまちづくり」を残すことも被災者として大切な使命なのかもしれません。復興段階になっても、被災者が最も喜んでくれるのは、過去の災害で被災した方々が励ましに来てくれることです。

　そうした被災地から被災地へのリレーとなるプログラムを実施することが復興支援の鍵となるでしょう。被災者同士の交流はとても有意義で、被災体験を共有することで新たな支援のあり方を考えるきっかけにもなるのです。

COLUMN

遊ばれる感覚を覚えたら面白いことができる

兵庫県立大学防災教育研究センター　専任講師　宮本 匠さん

地震から二度目の冬が終わるころ、本格的な集落復興に取り組もうとする新潟県中越地震の被災地に通い始めました。大学でボランティアについて「学んで」いた私は、習ったことを総動員し、「ボランティアは自発的なものだ」「被災者の主体性が大切だ」と頭でっかちになっていて、現場でひどく怒られたりしていました。

どのように被災地にかかわればよいのか悩んでいたときに、被災地NGO恊働センターの村井雅清さんから投げかけられたのがタイトルの言葉でした。「遊ばれる感覚ってなんやろなぁ」と思いながら、とりあえず村で畑を借りて、畑作業を教えてもらいながら、村の人からじっくり話を聴くことにしました。

村に通い始めてすぐわかったのは、都会育ちの私が村ではまるで役に立たないということでした。むしろ何をやってもとんちんかんで、すっかり笑いものになりました。たとえば、梅雨の時期、やっと晴れた日に一生懸命草を抜いていたら、村人が手でバツをつくって駆け寄ってきました。なんでも、雨上がりの濡れた畑では草ぬきをしてもまたすぐ根がついてしまってダメだというのです。大学で何を習っているんだとあきれられました。

笑いものになりながらも、村人のたくましさと自然と人とのつながりを大切にする豊かさに感心しました。そして、自分たちのこと、暮らしのこと、地域のことを語るときに、村の人の表情がなんとも生き生きとしていることに気づきました。よそ者であるボランティアは、何かを「知っている」「できる」という能力より、むしろ「知らない」「できない」からこそ、新しい発見のための媒介になれることがあるのです。

しかも、その発見の可能性は、異なる感性をもつ一人ひとりのボランティアの数に相乗して開かれています。だから、「遊ばれる」感覚も、そこから広がる世界も可能性は無限大です。まずは肩の力を抜いて、遊んでもらうことから始めてみませんか。

左側が筆者

海外ボランティア

　国内で災害ボランティアの経験を積むと、海外で起きた自然災害に対しても「何かできないだろうか？」と、海外の被災地にも目を向ける人が現われます。

　海外の場合は、まずその国の宗教や文化を尊重したうえで支援を心がけなければならないため、事前の学習や情報収集が不可欠ですが、以前に比べて航空券が安くなっていることもあって気軽に出かけるボランティアもいます。あなたも一度チャレンジしてみてはいかがでしょうか？

　ただ、海外の場合は言葉の壁や宗教の違いがあり、トラブルにもなりやすいので細心の注意が必要です。過去には、イスラム教の国に豚肉入りのレトルトカレーを救援物資として提供し、ひんしゅくを買ったというケースもあります。そのため、できるだけ経験のある NGO に参加して行くことをお勧めします。

　阪神・淡路大震災をきっかけに、被災市民やボランティア、NGO、ジャーナリスト、建築家などの専門家、研究者、大学関係者、宗教者などが集まり「CODE 海外災害援助市民センター」が生まれました。2015 年 4 月のネパール地震救援で 56 回目の救援活動になっています。こうした経験豊富な NGO に同行してボランティア体験をするという方法もあります。

　CODE は過去にボランティアを募集して被災地に飛んだこともあります（1999 年・トルコ地震）。2008 年に発生した中国四川省大地震のときは、成都市で借りていたゲストハウスで出会ったバックパッカーなどがボランティアとして参加し、支援活動を展開しました。ちなみに CODE の財源は、ほぼ 100％が寄付で成り立っています。

　国際社会では、憎しみの連鎖が拡大していますが、こうして災害救援を通じて支え合いの連鎖を広げることが重要です。

尾澤良平さんのその後

「いのち」に触れるボランティアに踏み出そう

ボランティアといえば「公共を担う」「社会問題と触れる」「自己実現」などさまざまな評価がなされていますが、とりあえず踏み出してみても後悔はしないと思います。

ある問題や課題が当事者の気持ちに完全に一致することはできなくても、少しずつ共感していくことはできます。その共感の想いがどんどん膨らんでいけば、「社会を良くする」ための一翼を担うこともできるでしょう。ボランティア的に動くことがもっと広がれば、奪い合うのではなく、支え合うことをベースにした暮らしを築く動きが大きくなるかもしれません。ボランティアがよりよい暮らしのための大切な要素になりつつあると確信しています。

でも忘れていけないのは、自発的に社会とかかわれるということには大事な前提があるということです。ボランティアだけに限りませんが、食やエネルギーなど生活の基盤となるものがある程度備わっているからこそ、さまざまな活動を行うことができるのです。それらが持続しない形での行動は、新しい時代の担い手としてボランティアの一歩を踏み出すには不十分だと思います。この点だけ頭に置いて自発的に行動すれば、意義のあるボランティアになると思います。

食やエネルギーの問題をできるだけ身近に置くことがまず重要だと思うようになり、農業や林業の修行をしています。身近な自然、「いのち」との支え合いを実践してみようと思っています。そのうえで多様な支え合いの波に乗れればいいのかなと考えています。

地震や津波などによる災害も自然現象ですから、人への支援ということだけでなく、自然との関わりを見つめる機会でもあります。とくに災害ボランティアは、だれにでもできる、だれもが当事者になれる大きな窓口を持っています。農業や林業に携わるきっかけが災害ボランティアだというと、不可解に感じるかもしれませんが、それほど身近な、しかし奥深い活動であるということでもあります。

被災者のため、防災のためという真摯な姿勢が、ひいては自分のためにも、他者のためにも、地球のためにも結びついていくと思っています。「何もできない」と思っている方にこそ、暮らしの中に少しだけ、災害ボランティアの要素をぜひ取り入れてみてください。

COLUMN

自分の地域でできること

本郷いきぬき工房　代表　瀬川 智子さん

　阪神・淡路大震災当時、私は神戸大学の学生でしたが、東京の実家にいて震災を体験しませんでした。神戸在住の同級生たちは、自宅が全壊や半壊したのにもかかわらず、救命・救急活動にあたったり、救援物資を調達して配布したりしました。関西学院大学の体育会に所属していた友人の弟さんは、生き埋めになった住民の方々を助けて回ったと聴きました。

　私にとっての災害ボランティアは発災から１週間後、東京の実家から神戸に駆けつけたのが始まりです。それから３年間、神戸で大学に通いながら避難所や仮設住宅の支援などのボランティア活動を通じて、「最後の一人に寄り添う」ことの重要性と「地縁コミュニティこそがライフライン（生命線）」ということを学びました。

　社会人になってからは「地域に根ざした国際協力」やコミュニティ創生などの活動をしていましたが、東日本大震災で福島のみなさまから「大災害を生き抜く力を東京の人々に伝えてほしい」と力強く叱咤激励されたことを契機に、東京の故郷にて地域防災の取り組みを始めました。

　いま暮らしている東京での脅威、首都直下地震対策の課題は３つあります。第１に「ひとりでは逃げられない人（災害時要支援者）がどこにいるかわからない」ということ。独り暮らしの高齢者や身体不自由な方と地域の関係が薄いうえ、個人情報保護の壁があるため、救助策をつくること自体が困難です。第２に「生き抜きたいと思わない」人がとても多いこと。「大震災が起きてまで生き残りたくない」「むしろ死にたい」とつぶやく孤立感を抱く人たちに対し、どのようにして地震に備えたいという動機づけをするのか、という課題です。

　そして第３の課題は、発災直後の救命・救助役を一緒にやりたい学生さんたちと地域防災の担い手たちとのネットワークづくりです。どうしたら学生さんたちは、継続的に地域防災に参加してくれるだろうか、というのが私たちの抱える問題意識です。

　みなさんの暮らす地域でも学生さんたちの防災アクションへの参画を待ち望んでいる人がいるはずです。勇気をふりしぼり、身近な地域の扉をたたいてみませんか？

COLUMN
女性の視点で取り組む防災活動

たつの女性が担う地域防災塾　代表　岡本 芳子さん

　地域の防災組織や発災後の避難所運営は男性の手に委ねられることがほとんどです。それゆえに、避難所などで起きる問題は、女性や子どもに関することに集中するケースが少なくありません。過去の自然災害の被災地で起きた実例をみてみましょう。

　避難所では女性の衣服を着替えるスペースがなく、授乳する部屋もありません。下着などの洗濯物が干せない。幼児や子供の言動に気兼ねする母親。死角でのレイプやレイプ未遂。女性用品を男性が配布する……。阪神・淡路大震災で浮上したそれらの問題は、東日本大震災でも抜本的に改善されるにはいたりませんでした。

　日頃から地域にいる時間が比較的長いことから、地域を知り、人とつながり、コミュニティをつくっているキーパーソンは女性です。避難所は地域の縮図です。その運営に女性が参画できないのはおかしいと感じました。

　防災・減災の課題を学び、女性の視点を生かすため、女性だけの学ぶ場をつくりたいとの思いから、「たつの女性が担う地域防災塾」を2013年9月に設立しました。30～70代の25人で構成しています。年間8・9回の座学やフィールド研修で学び、被災地支援にも行きました。2015年7月には、女性の視点から防災・減災に取り組む「たつの女性が担う地域防災塾減災宣言」を発表しました。

　私たちの塾は普通の市民によるグループですが、的確なアドバイスをしてくださる方に恵まれたことで、ある程度の力量もついてきたとの手応えを感じています。学んだことを広げる活動に取り組み、地元の地域に声をかけられるようにもなってきました。現在は「ボランティアセンターの立ち上げ」「避難所運営」についてのシミュレーションをしています。

　若い世代のみなさんが、私たちの取り組みを情報として知るのみでなく、「想い」を理解してくだされば幸いです。防災・減災について幅広く柔軟な視点を持って頑張りますので、次世代を担うみなさんも共に取り組んでいきましょう。

　妊婦のように災害時には女性は「災害弱者」に追い込まれるケースが多いのですが、反面、女性は強いのです。女性自身も変わらなければなりません。

解説 地区防災計画

　市区町村単位で地域防災計画を作成していましたが、2013年の災害対策基本法改正によって、地区防災計画の作成が奨励されるようになりました。「自分の命は自分で守れ」「自分たちの地域は自分たちで守れ」というメッセージが出されて久しいですが、地域における小さな単位からの防災計画を受けて、より上位の市、県、国へと反映されるのは望ましいことです。

　地区防災計画は、たとえばマンション1棟単位でも、小学校区単位でも作成することが可能です。こうして住民の生活範囲により近いところで防災計画を作成するという行動は、確実に減災につながります。究極は、一人ひとりに寄り添った防災計画が必要となるでしょうが、自助・互助・共助の具体化を図るにはこうした取り組みが必須となります。

　ボランティアとして被災者支援の経験を積むと、自分が住んでいる地域や学校、あるいは職場という単位で、その経験を生かした「災害に強いまちづくり」に取り組むことによって、地区防災計画づくりにいかすことができます。被災地から学ぶことは多く、とくに被災者の経験談をもとに想像力をもつことで、自分たちの暮らす地域の防災・減災に反映させることができるでしょう。

　地区防災計画を策定するにあたって、災害時における自分が暮らす地域のリスクを理解することは不可欠です。そのうえで、被害軽減のために何をすればよいのかを地域の人たちと考えることに意味があります。その過程で最も大切なことは、どのように「合意形成」を図るのかということになるでしょう。少数派の意見を排除することなく、一人では逃げることもできない乳幼児の避難誘導をはじめ、災害時要配慮者のことを優先的に考えなければなりません。

　モデル地区に選ばれた大分県のある村では、「村の覚悟委員会」なるものを立ち上げ、来るべく「南海トラフ」に対処しようとしています。ぜひ参考にしてください。

Action plan

できることは自分で、できないことは一緒に

　阪神・淡路大震災をきっかけに「市民とNGOの『防災』国際フォーラム」が立ち上がりました。このフォーラムが編集・刊行した「市民がつくる復興計画」の副題には、「私たちにできること」と書かれています。つまり、国や自治体に要望を出すだけではなく、自分たちでできることは自分たちでやろうという心構えだったのです。

　あれから20年余が経過しましたが、その復興計画の根底にあるものは「個を尊重し、自分と向き合い、人とつながろう」ということでした。これは「多様性と包摂性」の具現化のための理念とも共通します。

　被災地でのボランティア活動を終え、被災地で見聞してきたことを振り返り、課題を整理すると、課題を解決するための多くが「自分たちでできること」でもあることに気づかされます。だからといって、国や自治体は何もしなくてよいというのではないことはもちろんです。「できないことは一緒に」という場合の、「一緒に」は、国や自治体とも一緒にという意味も含まれています。つまり「自助、共助、互助、公助（官助）」ということです。

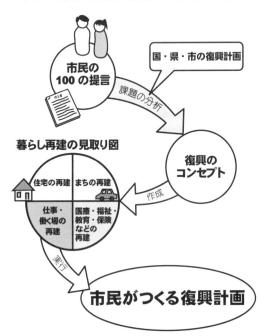

　2013年の災害対策基本法の改正では、ボランティアとの連携に関して、「国及び地方公共団体は、ボランティアによる防災活動が災害（新設）時において果たす役割の重要性に鑑み、その自主性を尊重しつつ、ボランティアとの連携に努めなければならない。」と明記されています。

　39ページで解説した「地区防災計画」づくりに参加すると、その具体的な方法も理解することができるでしょう。

あとがき

　阪神・淡路大震災は「ボランティア元年」といわれ、ボランティアの活躍が注目されました。私も44歳で初めてボランティアという世界に飛び込みました。正直いって自分自身のなかでは、ボランティアをしているという感覚はありません。でも、「ボランティアって何だろう？」とずっと考え続けてきましたが、いまだに答えは見つかっていません。

　私が縁あって所属したボランティアグループには、実に多彩で、さまざまな人たちが全国から集まってきました。年齢は10歳から80歳まで、元暴走族、不登校の中学生や高校生、大学中退、社会人をドロップアウトなど。これがボランティア元年という由縁かと思いました。彼ら彼女らは、型にはまることを嫌う、どちらかというと「不定形な人たち」です。不定形だからこそ、誰も支援の手を差し伸べない被災者を、あえて探しているかのように見つけてきました。

　そして、その型にはまらない不定形な人たちは、被災者一人ひとりと向き合い、寄り添うのです。いわば行政が見落としがちな「隙間」にこだわり続けます。どうも「ボランティア元年」の意義は、そこにありそうだと気づきました。

　災害時には、ときには不条理なことが発生します。不条理には不定形の対応が理にかなっているとも言えます。たとえば、あまねく平等や公平を原則とする行政には決してできない、たった一人の糖尿病の方のために糖尿病食を配食したり、アトピーで食べるものが制約されていた子どものために「アトピー食」を配食したり、そんな支援活動を展開したのです。

　十人十色のボランティアと被災者とが、お互いに多彩な信頼関係を築き、支え合うことから「個の尊重」や「自立」「自由」という言葉が紡ぎ出されます。いま、現代社会のキーワードでもある「多様性」は、こうしたなかから生まれてくるのではないかと学ぶことができました。

　あのとき、多くの人たちが「人間しとってよかった！」と体感しました。ぜひ、あなたも一歩を踏み出してみませんか。

被災地NGO協働センター

顧問　村井　雅清

編　集

関西学院大学災害復興制度研究所

「人間の復興」を研究の理念に掲げて、阪神・淡路大震災から10年の2005年1月17日に設立。被災者を復興の主体に据えた「災害復興基本法」試案を2010年1月に発表した。

野呂　雅之　主任研究員・教授。朝日新聞の社会部記者、論説委員として阪神・淡路大震災や東日本大震災の災害・復興報道を手がけ、2015年4月から現職。

制作協力

被災地NGO協働センター

阪神・淡路大震災を契機に「仮設支援連絡会」として1995年8月1日に発足。「阪神・淡路大震災『仮設』支援NGO連絡会」を経て98年4月に「被災地NGO協働センター」と改称。

頼政　良太　代表。神戸女子大学非常勤講師。
村井　雅清　顧問。CODE海外災害援助市民センター理事、日本災害復興学会理事、神戸松蔭女子大学非常勤講師、関西学院大学非常勤講師など。
増島　智子　まけないぞう担当として21年間、被災者の生きがいづくりを支援。

本文・表紙イラスト　姉川　真弓

災害ボランティアハンドブック

2016年5月31日　初版第一刷発行
2018年6月25日　初版第二刷発行

編　　者　関西学院大学災害復興制度研究所
制作協力　被災地NGO協働センター

発 行 者　田中きく代
発 行 所　関西学院大学出版会
所 在 地　〒662-0891
　　　　　兵庫県西宮市上ケ原一番町1-155
電　　話　0798-53-7002

印　　刷　協和印刷株式会社

©2016 Institute of Disaster Area Revitalization, Regrowth and Governance
Printed in Japan by Kwansei Gakuin University Press
ISBN 978-4-86283-219-1
乱丁・落丁本はお取り替えいたします。
本書の全部または一部を無断で複写・複製することを禁じます。